A BUSCA

1ª edição
5.000 exemplares
Junho/2017

© 2017 by Boa Nova Editora

Capa e projeto gráfico
Juliana Mollinari

Diagramação
Juliana Mollinari

Revisão
Alessandra Miranda de Sá

Assistente editorial
Ana Maria Rael Gambarini

Coordenação Editorial
Ronaldo A. Sperdutti

Todos os direitos reservados. Nenhuma parte desta obra pode ser reproduzida ou transmitida por qualquer forma e/ou quaisquer meios (eletrônico ou mecânico, incluindo fotocópia e gravação) ou arquivada em qualquer sistema ou banco de dados sem permissão escrita da Editora.

O produto da venda desta obra é destinado à manutenção das atividades assistenciais da Sociedade Espírita Boa Nova, de Catanduva, SP.

1ª edição: Junho de 2017 - 5.000 exemplares

CLEBER GALHARDI

Instituto Beneficente Boa Nova
Entidade coligada à Sociedade Espírita Boa Nova
Av. Porto Ferreira, 1.031 | Parque Iracema
Catanduva/SP | CEP 15809-020
www.boanova.net | boanova@boanova.net
Fone: (17) 3531-4444

Dados Internacionais de Catalogação na Publicação (CIP)
(Câmara Brasileira do Livro, SP, Brasil)

Galhardi, Cleber
    A busca / Cleber Galhardi. -- Catanduva, SP :
Instituto Beneficente Boa Nova, 2017.

    ISBN: 978-85-8353-075-6

    1. Espiritismo - Literatura
infantojuvenil 2. Literatura infantojuvenil
I. Título.

17-03766   CDD-028.5

Índices para catálogo sistemático:

1. Literatura infantil   028.5
2. Literatura infantojuvenil   028.5

Um pouco sobre quem sou......................................07

Hora de estudar 11

Por que gosto de ter um sonho..............................15

Samanta 19

Um susto 25

Saudade de quem não conheço.............................31

A fuga...35

A conversa 41

Um passeio inesperado...45

Momento da oração..51

Um caso estranho..55

Conversa com tia Sara 59

Conversa com Gino...63

Um rumo para minha vida.....................................67

Revelações do tio Sérgio...73

Reencontro..79

A hora estava próxima 85

Na maternidade 89

Um pouco sobre quem sou

Eu me chamo Dinho e tenho onze anos. Não vou dizer meu nome completo porque não vejo necessidade de fazer isso. Acho muito estranho quando alguém se apresenta dizendo o seu nome completo, e, para falar a verdade, você se lembra do sobrenome das pessoas que já se apresentaram a você?

Desde pequenininho moro em um lugar chamado Lar Esperança. É um lugar muito gostoso, cheio de flores, com vários parques para brincar. Existem muitas crianças nesse Lar.

Os tios dizem que cheguei muito doente aqui. Aos poucos, fui me recuperando e hoje sou um jovem de onze anos. Adoro dizer a minha idade.

No Lar Esperança temos muitos "tios" e "tias" que cuidam de nós. Já disse que há várias crianças aqui, não é? E de todas as idades. Eles são muito bondosos conosco, mas às vezes ficam bravos e chamam nossa atenção. Nem preciso dizer que fazem isso somente quando deixamos de realizar algo importante.

Tenho um grande sonho, e acho que não vou desistir dele jamais. Fico pensando todos os dias em realizá-lo. Todo mundo tem um sonho, não é verdade? Meu maior sonho é conhecer meus pais e ter uma família. Não que no Lar eu não me sinta em uma família, mas na verdade eu queria uma só minha, se é que você me entende.

Cheguei aqui muito pequeno, por isso não me lembro de nada. Os tios evitam falar sobre nosso passado. Dizem que é para eu aguardar que, na hora certa, irei conhecer minha família.

Tenho certeza de que minha mãe é linda! Fico imaginando que ela é muito carinhosa, daquelas mães que enchem a gente de beijo.

Outro dia tive uma briga com meu amigo Gino. Disse a ele que beijo de mãe devia ser igual a doce de morango; eu adoro doce de morango. Gino teimou dizendo que beijo não tem gosto. Insisti na ideia e respondi um pouco bravo, quase gritando, porque ele teimou várias vezes comigo:

– O beijo da minha mamãe tem e pronto!

Ele saiu resmungando, mas não entendi o que ele disse. A única coisa que pude compreender foi um "esse cara é maluco".

No dia em que conhecer minha mãe, vou deixar ela dar um beijo nele e acabo logo com isso. Quero ver a cara dele depois que sentir o gosto.

Quando penso em como é o meu pai, não tenho dúvidas. Ele é muito inteligente e tem uma voz bem forte, que dá para ouvir de longe. Gosta de brincar e está sempre pronto para me levar a um passeio.

Gino acha que é loucura ficar imaginando uma família. Segundo ele, não temos nenhuma, e de nada serve uma família de mentirinha.

Eu não concordo com ele. Sei que a minha existe e vou encontrá-la, e aí quero ver só como vai ser a reação dele. Será que vai sentir inveja?

Além do Gino, que você já conhece, tenho vários outros amigos. Aos poucos vou falar de cada um deles, em especial da minha querida amiga Samanta. Ela é linda, tem dez anos, e fico muito feliz quando estou ao lado dela.

Quero contar algumas histórias que vivenciamos, eu e meus amigos, e também continuar a falar da vontade de encontrar meus pais. Escrever é divertido, e acho que servirá de algum jeito, não sei como, para ajudar outras pessoas.

Antes de continuar, preciso dizer uma coisa: menti quando disse que não diria meu nome inteiro porque ninguém decora. Não o falei porque não sei qual é. Os tios nunca me disseram, e já me acostumei a ser chamado simplesmente de Dinho.

HORA DE ESTUDAR

No Lar Esperança, a disciplina é muito valorizada. Temos horários programados para praticamente tudo. Fazemos refeições, estudamos, temos um tempo para a prece e até mesmo para brincar.

Os tios dizem que nosso tempo é muito, muito precioso e temos que aproveitá-lo ao máximo.

Ontem fomos à aula. Temos aulas um dia sim, outro não. Nossa escola não respeita os finais de semana. Por isso estudamos em um dia e descansamos no outro. O descanso aqui não quer dizer ficar sem fazer nada, e sim realizar outras tarefas. Claro que temos um dia para brincar.

Minha sala possui doze alunos, dentre eles, Samanta e Gino. Gosto da minha turma.

Gino, às vezes, fica rebelde. Ele não gosta de estudar e teve uma crise de raiva outro dia. Após uma das tias ter chamado a atenção dele, disparou uma chuva de palavras:

– De que adianta não termos pai nem mãe se temos um monte de tios que nos forçam a estudar?

Tia Ruth, nossa professora, sempre muito paciente, foi ao encontro dele, puxou uma cadeira e sentou-se, dizendo:

– Meu anjinho, não estudamos porque as pessoas nos forçam. Estudamos para nos tornar pessoas melhores. Quanto mais conhecimento, mais interessante a vida se torna.

Ele deu de ombros. Tia Ruth passou a mão na cabeça de Gino e continuou:

– Quando você olha para o céu e vê esse grande número de estrelas, não tem curiosidade para saber o nome de cada uma, de onde vieram, por exemplo? Ao observar a natureza, nunca se perguntou como é que se formam as montanhas?

A professora levantou-se e foi para a frente da sala de aula. Olhou para a classe e comentou:

– Gostaria muito que vocês se dedicassem aos estudos. Sei que às vezes não é fácil estar em uma sala de aula. Peço apenas que, quando estiverem aprendendo algo, o façam sabendo que estão se tornando pessoas melhores!

O único que não prestou atenção às palavras de Tia Ruth foi Gino. Ele estava rabiscando uma folha. Assim que terminou os rabiscos, começou a dobrá-la e logo tinha nas mãos um aviãozinho de papel.

– Agora voe em direção a um planeta distante: o planeta dos que não estudam!

Assim que terminou de falar, arremessou o aviãozinho, e ele veio direto para minha mesa. Deixei o pequeno brinquedo em cima de minha carteira. Fiquei com medo de que a professora chamasse nossa atenção.

Tia Ruth, percebendo a agitação provocada pelo aviãozinho, propôs à sala:

– Quero que escrevam alguma coisa sobre vocês. Não precisa ser nada difícil, quero apenas alguma informação.

– Eu sou o Gino – respondeu imediatamente meu amigo.

– Pedi para escrever, não para falar – orientou Tia Ruth.

Fiquei um pouco pensativo. O que poderia escrever a meu respeito? Conhecia pouco minha história. Não sabia como tinha chegado ao Lar. Sabia apenas que estava muito doente quando cheguei. Não conheci meus pais; nem mesmo o nome deles eu sabia. Então percebi que seria mais interessante escrever sobre meu sonho, que é encontrar meus pais e ter uma família.

Não tive mais dúvida. Peguei uma folha e comecei a escrever...

POR QUE GOSTO DE TER UM SONHO

Acho muito bom ter um sonho. Sempre achamos que somente os adultos podem ter direito a sonhar com alguma coisa. Parece que as crianças e nós, os jovens, não temos objetivos.

Gostaria de fazer uma observação. Apesar dos meus onze anos, não gosto de ser chamado de criança. Tenho conhecimento de muita coisa e acho que posso dispensar essa ideia de ser criança. Após essa observação, vamos continuar...

Vários de meus amigos também possuem um sonho. O Tadeu me disse que um dia irá viajar em um disco voador. Não sei se eles existem, por isso torço para que ele encontre um disco voador algum dia.

Samanta vive dizendo que quer ser professora. Acho que ela será uma linda e inteligente professora. Adoraria que minha mãe também fosse professora; já disse que linda, com certeza, ela é.

O Célio sempre fala que quer ser detetive particular. Ele vive inventando disfarces. Estou sempre o incentivando e de vez em quando o ajudo a melhorar. Sabe, ele exagera... Outro dia colocou uma peruca e óculos escuros para seguir o Saulo. Ficou tão ridículo que, por onde passava, todos olhavam e riam. Disse para ele tomar cuidado; um detetive não pode ser notado.

Voltando ao assunto, não importa qual é o sonho que temos. Acho que, por mais estranho que seja, todo mundo tem direito a ter um. Outro ponto é que não existe sonho melhor nem pior, tudo depende da importância que ele tem para quem sonha.

Quando contei para Tia Ruth que tinha um sonho, ela falou que, "quando temos um sonho, ele se torna um objetivo, e, para quem cultiva um objetivo, um dia ele se tornará realidade".

Tia Ruth também falou que, "quando sonhamos, temos em que pensar, e ficamos mais felizes quando pensamos em algo que nos faz bem".

Toda vez que penso em meu sonho, tenho uma sensação de alegria. Estar alegre é algo que me faz muito bem.

Outra lição que recebi é que, tão importante quanto sonhar e acreditar, é colocar em prática ações que possam tornar nosso sonho realidade. Daí minha insistência em sempre estar buscando informações com os tios sobre os meus pais.

Toda vez que puxo assunto com eles, recebo respostas um pouco estranhas. Aliás, os adultos, quando querem fugir de uma resposta, sempre dão um jeitinho. Outro dia perguntei para o Tio Gabriel se meus pais haviam me abandonado no Lar, e ele respondeu com um "um dia você saberá a resposta".

O tal do "um dia" nunca chega e, para falar a verdade, fico na dúvida de se ele vai chegar mesmo.

Quis continuar perguntando mais coisas. Arrisquei um "Quando o senhor irá me levar para conhecer meus pais?". A resposta foi: "Vamos aguardar a hora certa". Tive a sensação de que "aguardar a hora certa" era o mesmo que "não sei". Com os olhos cheios de lágrimas, pedi licença e saí. Não queria que ele me visse chorando; sou um jovem, e não tenho certeza de se jovens choram.

De qualquer forma, algo dentro de mim me diz para não desistir. É isso que faço. Sigo as sugestões de Tia Ruth e fico firme em meus pensamentos e na minha vontade de realizar meu sonho.

SAMANTA

Agora quero apresentar minha amiga Samanta. Para nós, os mais íntimos, ela tem o apelido de Sami. Adoro esse apelido; acho que a deixa ainda mais bonita do que ela já é.

Sami tem dez anos, cabelos loiros, olhos verdes. Os olhos dela parecem aquelas pedras preciosas cujo nome eu nem sei. Para o meu gosto, ela é linda. Gino, como sempre, discorda. Ele acha que ela não é tão bonita quanto eu penso, mas não ligo para a opinião dele.

Outra coisa que me chama a atenção em minha amiga é a sua inteligência. Nossa, como ela gosta de estudar! É uma das poucas pessoas que conheço que vai para a aula sempre feliz. Esse, aliás, foi um motivo de discussão entre ela e Gino:

– Você não sabe o que diz quando fala que gosta de ter aulas, sua maluca! – disse ele.

– E você vai continuar sendo ignorante enquanto não valorizar os estudos – replicou ela.

– Vai me dizer que é mais gostoso que brincar?

– Tudo tem sua hora. E vai me dizer que é ruim ficar um pouco mais inteligente?

– Eu não gosto de estudar, está bem?

Ao perceber que a discussão estava ficando séria, resolvi entrar na conversa:

– Acho melhor mantermos a calma. Essa discussão não terá fim. Cada um tem um ponto de vista. Vamos mudar de assunto.

– Prefiro – concordou Gino.

– E eu tenho mais o que fazer. Vou estudar! – completou Sami.

Após esse comentário, ela se despediu e foi para o seu quarto.

Gino ficou olhando Samanta sair, com cara de bravo, depois virou-se para mim e disparou:

– Menina chata. E você ainda gosta dela?

Confesso que não gostei do comentário dele. Mas, para evitar mais confusão, preferi ficar quieto.

Ainda bravo com ela, Gino continuou:

– Já que você gosta tanto dessa "coisa", por que não pede aos tios que arrumem um lugar para morarem juntos?

– Acho uma ótima ideia. Adoraria me casar com ela – respondi.

– Era só o que me faltava... – retrucou ele, irritado.

Como estava bravo, Gino inventou uma desculpa e foi para o jardim brincar. Era nosso dia de folga e estávamos liberados para atividades recreativas.

Fiquei pensando na conversa com Gino. Havia gostado da sugestão dele. Achava que eu e Sami tínhamos tudo a ver um com o outro. Talvez na hora certa eu pudesse namorar com ela. Aproveitei e fui para a beira do lago. Sentei e deixei minha imaginação solta para pensar em Sami.

– Sonhando acordado, meu rapaz?

Assustei com a pergunta. Quando olhei para o lado, vi Tio Sérgio, que estava bem próximo.

– Estava sonhando acordado sim, tio. Pensando na Sami. Eu a acho linda!

– Você tem bom gosto. Ela é inteligente e muito sensível.

Aproveitando a conversa com Tio Sérgio, resolvi fazer uma pergunta:

– Tio, o senhor acha que eu e a Sami poderemos morar juntos um dia?

Ele se virou para mim e percebi o olhar carinhoso dele; acho que sentiu pena de mim, sei lá.

– São grandes as chances de morarem juntos, meu amiguinho!

Não gosto que me chamem assim. Tenho onze anos e não sou criança. "Amiguinho" dá a entender que sou uma criancinha. Porém, como a conversa me interessava, fiz de conta que não me importei.

– Fala sério? – prossegui. – Quer dizer que vamos nos casar?

Ele sorriu, colocou a mão no meu ombro e falou:

– Acho que serão irmãos, meu amigo!

Ele disse uma coisa boa e outra ruim. Chamar-me de amigo dava a entender que ele sabia que eu não era mais criança. Agora, dizer que poderíamos ser irmãos me chateou. Não era isso que eu queria. Mas outra coisa me veio à cabeça, e não me contive:

– Tio Sérgio, o senhor fala como se soubesse onde meus pais estão. Para dizer que existe a possibilidade de eu e Sami sermos irmãos, é possível que o senhor saiba de alguma coisa... Acertei?

Ele novamente sorriu.

– Espere a hora certa, meu amigo. Fique tranquilo que um futuro muito bom o aguarda. Vamos viver um dia de cada vez.

– É que eu quero tanto ter um pai e uma mãe! Gosto daqui, mas algo me diz que eles também estão me esperando.

Nessa hora, Tio Sérgio deu-me um abraço carinhoso e comentou:

– Você é um menino que vale ouro! Pode acreditar no que eu disse: vamos fazer todo esforço possível para realizar seu sonho.

Tio Sérgio abraçou-me novamente e se despediu.

Fiquei feliz com a maneira como ele tinha falado dos meus pais. A única coisa da qual não havia gostado muito era em relação a Sami. Claro que eu gostaria de morar na mesma casa que ela. Ela seria uma irmã maravilhosa. Acontece que eu seria ainda mais feliz se um dia pudesse me casar com aquela menina de olhos brilhantes e cabelos loiros.

UM SUSTO

O que vou contar agora aconteceu em uma noite que ventava muito, após o jantar. O vento e as nuvens escuras no céu indicavam que iria chover.

Estava com sono e fui para o meu quarto. Gosto da chuva; o barulho dela caindo no telhado é muito bom para dormir. Apesar de sonolento, permanecia sentado, lendo um livro, enquanto aguardava o sono ficar incontrolável.

Ouvi um som que vinha do corredor. Alguém estava correndo e não demoraria para que um dos tios aparecesse para chamar a atenção. É proibido correr nos corredores do Lar. Não tive curiosidade para descobrir quem era, por isso, voltei minha atenção para o livro.

Os passos foram ficando mais rápidos e, quando olhei novamente, Gino entrava correndo no quarto, desesperado. Estava tão ofegante que quase não conseguia falar:

– O que aconteceu? Você está branco igual a uma folha de papel!

Ele mostrou a palma da mão pedindo que eu aguardasse enquanto ele se acalmava.

– Parece até que viu um fantasma! – falei.

Gino respirou fundo várias vezes, depois respondeu:

– Vi mesmo. Não vai acreditar.

Não consegui disfarçar meu divertimento e soltei uma risada.

– Fala logo o que aconteceu!

– Vi um fantasma. De verdade!

– Para de fazer graça. Você entra correndo no meu quarto, levo o maior susto e agora fica fazendo gracinha. Anda, diz logo o que aconteceu.

– É verdade; tem um fantasma no jardim. Estava andando por lá quando olhei em direção ao muro. Lá no canto vi algo se mexendo. Fui me aproximando e vi uma sombra que ficava fazendo gestos e me chamando para perto.

– Não acredito em você, Gino.

– Então venha ver pessoalmente.

– Se for mais uma brincadeira sua, não converso mais com você.

– Combinado, mas venha logo antes que ele vá embora.

O jeito que Gino falava me deixou preocupado. No começo confesso que achei que estivesse brincando, mas depois que disse o que estava acontecendo vi que não era mentira.

– Então vamos! – disse a ele.

Atravessamos o Lar em direção ao jardim. Senti um arrepio no corpo e o meu coração disparou.

– Senti um arrepio – falei.

– Isso é medo – respondeu Gino.

– Não estou com medo.

– Está sim.

– Não estou! – rebati.

– Psiu, olha lá. Está vendo se mexer, perto do muro?

Olhei na direção em que o dedo de Gino apontava. O que eu temia aconteceu: realmente tinha algo se mexendo perto do muro. Foi nessa hora que descobri que sentia medo.

– Ai, meu Deus! – falei em voz alta.

– Quieto! Quer que o fantasma nos veja?

– Não estou gostando nada disso, Gino.

– Será que ele vai entrar na nossa casa?

Quando Gino fez essa pergunta, percebi o risco que todos no Lar corriam. Se o fantasma entrasse em nossa casa, poderia causar uma confusão muito grande. As crianças poderiam ficar com tanto medo, que jamais voltariam a dormir. Era hora de os maiores, no caso nós, espantarmos aquele fantasma.

– Gino, não podemos deixar o fantasma entrar no Lar Esperança. Precisamos ir lá e conversar com ele.

– E o que vamos dizer?

– Pedir que vá embora e não volte mais. Aqui não é lugar de fantasma; ele que procure um lar de fantasmas, e não de crianças.

– Tem razão. Vamos já!

Gino disse isso, mas não saiu do lugar. Logo entendi que eu deveria ir na frente. Dei um passo bem vagaroso... mais um... olhei para o fantasma e, de repente, ele se inclinou para frente.

Nessa hora, o desespero tomou conta de mim e não me contive:

– Corre, Gino – gritei, e saí correndo para dentro da casa.

A única coisa que percebi foram os passos acelerados de Gino me acompanhando. Entramos correndo no Lar e, no caminho, demos de frente com Tio Sérgio; passamos por ele e entramos no meu quarto. Porém, percebendo algo estranho, o tio entrou atrás de nós.

– O que está acontecendo? Por que essa correria?

Gino não conseguia falar. Respirei fundo e, afobado, fui dizendo:

– Te... te... tem um fantasma no jardim!

– Como assim, crianças?

Nem me importei desta vez em ser chamado de criança. Continuei:

– Está perto do muro. Fomos tentar conversar com ele e pedir que fosse embora. Mas, quando veio ao nosso encontro, saímos correndo, tio.

Pacientemente, Tio Sérgio colocou a mão em meu ombro e falou:

– Não tenham medo. Nenhum fantasma entra aqui. Fiquem calmos; respirem e sentem-se.

Aliviados, e na segurança que a presença do tio fornecia, contei a história toda para ele: o desespero de Gino entrando no meu quarto, nossa preocupação e o momento em que o fantasma tentou nos atacar.

Deu para perceber que o tio achou aquilo tudo muito engraçado. Pegou nossa mão e convidou:

– Vamos verificar; me acompanhem, por favor.

Acompanhados do Tio Sérgio, fomos ao jardim. Logo que chegamos, percebemos que o fantasma estava no mesmo local. Parecia que nos desafiava. Fomos chegando cada vez mais perto. Como segurava na mão do tio, cheguei a fechar os olhos algumas vezes.

Chegamos mais perto... mais perto... e meu coração acelerava. Olhei para o lado e vi que Gino sentia a mesma coisa que eu: medo!

Quando ficamos bem próximos, veio a decepção. Na verdade, o fantasma era apenas uma planta que tinha mais ou menos a altura do tio. Quando o vento soprava, ela se curvava para a frente, dando a impressão de vir em nossa direção.

Nem é preciso falar o quanto ficamos envergonhados, Gino e eu. Olhamos para o Tio Sérgio, e fui eu quem tomou a iniciativa:

– Tio, desculpa. Jamais imaginei que fosse uma planta.

– Nem eu – acrescentou Gino.

Tio Sérgio nos abraçou carinhosamente.

– Não se preocupem. Isso é normal. Quando vemos algo e não sabemos o que é, nosso cérebro busca uma explicação. Ele a associa a alguma informação que possuímos. O mais próximo que a interpretação de vocês chegou foi da ideia de que a planta era um fantasma. Da próxima vez que acontecer algo assim, lembrem-se dessa experiência.

Mais tranquilos, porém envergonhados, retornamos para dentro do Lar. Tio Sérgio deu um beijo em cada um de nós e falou:

– Tenham uma boa noite. Pensem no acontecido e guardem esse aprendizado.

Olhei para Gino e, decepcionados, nos despedimos. Até hoje fico me perguntando se os fantasmas existem...

SAUDADE DE QUEM NÃO CONHEÇO

Hoje acordei meio estranho.

É difícil falar sobre o que estou sentindo. É uma sensação daquelas... Parece que eu tenho um buraco no peito. Estou com saudades de algo que não conheço, ou pelo menos não me lembro, chamado abraço de mãe.

Escutei uma palavra outro dia que talvez seja o que sinto. Uma tal de *carência*. Não faço a menor ideia do que seja isso, apenas acho que pode ser o que estou sentindo.

Se eu tivesse uma mãe, tenho certeza de que hoje estaria deitado no colo dela, e o mesmo faria com meu pai. Tenho certeza de que o carinho dos pais cura qualquer tipo dessa tal carência.

Não quero sair da minha cama; ela é quentinha, mas por aqui somos convidados a dar valor à disciplina. Não quero decepcionar os tios, então me obriguei a levantar e ir para o café da manhã.

Mal entrei no refeitório, ouvi uma voz muito familiar: Gino, claro.

– Ei, cara amassada, senta aqui – disse ele, apontando uma cadeira vazia que estava ao seu lado.

Peguei minha refeição e fui me sentar ao lado dele. Comecei a comer em silêncio, o que para o Gino é um insulto.

– Que cara estranha... Aconteceu alguma coisa?

– Nada.

– Como assim, nada?

– Na verdade acordei com saudade dos pais que não conheço.

– Entendi.

Gino tem a paciência curta, como você já deve ter percebido, e não consegue ficar quieto quando algo o incomoda.

– Cara amassada? – ele repetiu.

– Para de me chamar assim! – falei.

–Tá bom. Dinho?

– Diga.

– Já que você tem tanta vontade de conhecer seus pais, por que não vai procurá-los você mesmo? – E, com um jeito de quem teve a melhor ideia do mundo, continuou: – Basta separar umas peças de roupa, arrumar na mochila, pular o muro e ir atrás deles. Assim você os encontra e para de ficar nessa tristeza...

Quando ele fez o comentário, achei loucura. Mas, após alguns minutos, percebi que não havia nada de errado naquilo. No fundo, ele tinha razão. Se eu queria de verdade encontrar meus pais, nada mais justo que procurá-los. Estava perdido em pensamentos quando a voz de Gino me trouxe novamente para a cadeira em que estava sentado.

– Em consideração à nossa amizade, posso ir com você. Assim que encontrarmos seus pais, eu volto sozinho para o Lar.

– De maneira nenhuma – falei. – Do jeito que meus pais são, ou que eu acho que eles sejam, com certeza o trarão de volta ao Lar Esperança, fique tranquilo.

– Então, vamos fazer o seguinte: após o jantar, me espere no fundo do quintal com a mochila. Pulamos o muro e depois saímos em busca de realizar o seu sonho, está bem?

Ao imaginar a cena, uma dúvida surgiu em minha cabeça:

– Onde vamos procurar, Gino? Jamais saímos do Lar!

Como sempre, Gino fez cara de sabichão, tendo a resposta na ponta da língua:

– Não se preocupe, deixa comigo que sei onde procurar. Deve haver um local onde pais procuram os filhos. Iremos até lá e daremos o seu nome. Depois, basta aguardar, que eles encontrarão os seus pais.

Confesso que achei a solução do Gino um pouco estranha. Se houvesse um lugar assim, por que eles nunca tinham vindo ao Lar Esperança? Foi o que eu disse a ele, e recebi a seguinte resposta:

– Porque os tios acham que não é a hora certa. Se eles vieram, com certeza, você nem ficou sabendo... – E, novamente com um ar de sabichão, completou: – Quem pode provar que os tios saibam mesmo qual é o momento certo?

– Talvez você tenha razão – concordei.

– Agora é hora de ter um dia "normal". Não vá deixar os tios desconfiarem do nosso plano, hein, cara amassada!

Mais uma vez, fiquei irritado com aquele nome. Mas, como Gino estava empenhado em me ajudar a encontrar meus pais, fiz de conta que não tinha escutado.

Fiquei o dia todo disfarçando e me comportei como se nada de diferente estivesse acontecendo. Procurei fazer minhas atividades da maneira mais correta possível, para não chamar a atenção das pessoas.

A única coisa que me preocupava era quando Gino passava por mim. Ele dava uma piscada de olho. E assim o dia foi passando...

A FUGA

Antes do jantar, meu coração batia acelerado.

Estava com medo do que ia fazer. Deu vontade de conversar com Gino e cancelar a nossa fuga. Mas, quando pensei que poderia encontrar meus pais, a coragem voltou e me deu forças para preparar minha mochila. Deixei-a em cima da cama e fui para o jantar.

Gino já estava no refeitório. Sentei-me ao seu lado novamente. Ele fez cara de enigma, baixou a cabeça e disse baixinho:

– Tudo pronto? Minhas coisas estão no jeito. Assim que o jantar terminar e todos estiverem transitando por aqui, corre e pega sua mochila. Depois, me encontra lá no muro. Tenho certeza de que ninguém vai perceber nossa ausência.

Disfarcei olhando para a frente enquanto fazia um sinal de positivo com a cabeça. Meu coração estava acelerado de novo.

Tentei pensar na alegria dos meus pais ao ficarem sabendo que eu estaria no local onde pais procuram filhos, de acordo com as informações do meu amigo.

– Vai valer a pena! – falei em voz alta.

– O que você disse? – perguntou Gino.

– Pensei em voz alta – respondi.

Gino comeu com uma velocidade que eu jamais tinha visto. Ele tem gosto por aventura e percebi que estava tão feliz quanto eu.

Assim que terminou a refeição, deu uma piscadela para mim. Já não aguentava mais aquelas piscadas! Logo depois, ele foi para o quarto.

Quando terminei a minha refeição, fiz o mesmo.

O movimento de pessoas era grande quando terminavam as refeições. Tínhamos a liberdade de brincar em determinados locais; outros podiam aproveitar alguns jogos, e havia também aqueles que gostavam de conversar.

Disfarçando, fui em direção ao meu quarto. A cada passo, os batimentos do meu coração aumentavam, a ponto de parecer que ele sairia pela boca.

Quando entrei e vi minha mochila, senti um arrepio no corpo todo; sentei-me para me acalmar. Seria correto aquilo que tentávamos fazer?

Fiquei com um pouco de culpa. Afinal, os tios sempre tinham sido muito legais com a gente. E se eles estivessem com a razão quanto à hora certa de eu conhecer meus pais?

Lembrei-me de Gino, que estaria me esperando, e resolvi que deveria partir em busca do meu sonho. Peguei a mochila e a coloquei nas costas. Quando dei o primeiro passo em direção à porta, Gino entrou chorando. Assustado, perguntei:

– O que aconteceu?

Gino mal conseguia falar e me pediu um tempo. Aguardei ele se acalmar, indiquei a cama para que sentasse e fiquei observando meu amigo. Ainda com lágrimas nos olhos, ele me disse:

– Infelizmente, não poderei ir!

Queria entender o que havia acontecido. Preferi não encher meu amigo de perguntas e aguardei quieto. Ele olhou para mim e continuou:

– Saí do jantar e, conforme combinamos, fui para o meu quarto. Em cima das minhas coisas estava este envelope.

Somente após ele dizer isso foi que notei algo em suas mãos.

– O que tem aí dentro? – quis saber.

Ele não respondeu nada, apenas me entregou o envelope. Abri e dentro tinha uma folha. Comecei a ler e tomei um susto. Só então entendi o desespero do meu amigo.

Querido Gino,

Nós, do Lar Esperança, sabemos da sua coragem e a admiramos!

Como é bom estar na presença de alguém especial e que está sempre ao lado dos amigos.

Acompanhar Dinho em busca dos pais é um ato digno e demonstra um carinho especial por seu amigo.

Infelizmente, não concordamos com a decisão de vocês. É um ato perigoso, por isso, pedimos que continuem conosco.

Nós amamos vocês!

Tios do Lar Esperança.

Meu rosto ficou fervendo de vergonha. Olhei de novo para o meu amigo e perguntei:

— Como eles descobriram?

— Não faço a mínima ideia.

Gino estava tão assustado quanto eu.

Envergonhado e também com medo dos tios, comecei a desfazer minha mochila. Estávamos arrasados, Gino e eu. Agora tínhamos dois problemas: a provável bronca dos tios e a tristeza de não ter encontrado meus pais.

Para minha surpresa, ao retirar as poucas roupas da mochila, tinha entre minhas coisas um envelope igual ao que Gino havia encontrado. Gino, sem falar nada, apenas olhou para mim.

Abri rapidamente o envelope e li:

Querido Dinho,

Lamentamos, mas por ora não podemos permitir sua partida.

É emocionante o amor que demonstra em relação a seus pais, mesmo sem conhecê-los.

Pedimos que confie em Deus e em nós, seus tios, que o amamos e aguardamos ansiosamente o momento do encontro entre você e seus pais.

Não desanime jamais!

Tios do Lar Esperança.

Mostrei o recado ao meu companheiro.

– O que faremos agora? – ele perguntou.

– Não sei. Acho que devemos explicações...

– Concordo.

– Estou com medo, Gino.

– Eu também.

– Não consigo entender como os tios descobriram. Estava tudo certo para irmos procurar sua família!

– Isso não importa – comentei.

A conversa foi interrompida quando ouvimos passos perto do quarto. Juntos, olhamos para a porta e vimos Tio Sérgio entrar...

A CONVERSA

Na presença de Tio Sérgio, apenas baixamos a cabeça. Tudo o que queria fazer naquela hora era entrar embaixo da cama. Estava com vergonha e com medo das consequências. Como gostaria de voltar no tempo e abandonar essa ideia!

O tio sentou-se na cama.

– Boa noite, crianças.

– Boa noite – respondemos praticamente juntos.

– Gino – começou ele –, aconselhar um amigo é algo bom e uma demonstração do quanto nos importamos com ele. O fato de nos oferecermos para ajudá-lo é uma postura admirável e também um dever.

Ele fez uma breve pausa e prosseguiu:

– Antes de sugerir alguma coisa, é sempre importante pensarmos nas consequências dos nossos atos. Já imaginou o risco que seria duas crianças perdidas?

Gino estava sem palavras, e eu não tinha coragem sequer para encarar Tio Sérgio.

– Espero que a lição tenha servido e que não tenhamos mais uma conversa como esta – acrescentou nosso querido tio.

Meu amigo permanecia imóvel. Ele, que era sempre ousado e tomava a frente de tudo, estava sem ação e não sabia o que fazer. Tio Sérgio o fitou quando Gino resolveu falar:

– Desculpe, tio. Prometo pensar melhor antes de ter essas ideias precipitadas. – Em um gesto surpreendente, Gino olhou em minha direção: – Dinho, peço desculpas.

Após dizer essas palavras, meu amigo se aproximou e me deu um abraço. Olhei por sobre o ombro dele e vi um sorriso no rosto do Tio Sérgio.

– Pode voltar ao seu quarto, Gino.

Gino saiu do quarto apressadamente.

Agora, sozinho na presença do tio, meu coração não parava de bater em descompasso. O arrependimento era muito forte. Quis começar a falar, quando fui interrompido:

— Dinho, meu filho! Confesso que sinto uma ponta de inveja dos seus pais. Um amor tão intenso e verdadeiro merece meu respeito e admiração.

— Queria apenas me encontrar com eles, tio! — Quando percebi, já tinha falado.

— Entendo, meu amigo, entendo. Todos nós precisamos do amor que somente uma família harmônica oferece. O amor dos pais nos alimenta e é sempre de onde teremos a certeza do amparo.

Ele passou a mão em minha cabeça e continuou:

— Não se esqueça de que todos nós, do Lar Esperança, estamos empenhados em encontrar seus pais. E acreditamos que eles não veem a hora de desfrutar de uma tão encantadora presença.

Vi nessa hora o olhar carinhoso do tio. Percebi que ele estava emocionado e me senti feliz com o carinho dele.

— Peça a Deus e confie. Juntos, nós, você e seus pais conseguiremos um final feliz.

Nessa hora, criei coragem e falei:

— Tio, perdoa o meu erro. Não vou mais agir sem a permissão de vocês. Prometo!

Satisfeito, ele prosseguiu:

— Admitir o erro é sinal de grandeza de alma, meu filho! O detalhe é que não podemos ficar apenas no arrependimento; é necessário aprender com a lição.

Aliviado, respondi:

– Eu aprendi, tio. Não vou desistir jamais de encontrar meus pais, mas seguirei sempre as recomendações de todos aqui do Lar!

Satisfeito, Tio Sérgio encerrou a conversa, me deu um abraço apertado e saiu. Antes de transpor a porta, porém, recomendou:

– Descanse, filho, e tenha uma boa noite.

Na ausência do tio, abracei o travesseiro e não consegui segurar o choro. O medo tinha passado, e agora restava somente a saudade daqueles que eu amo e sei que também me amam.

P.S.: Gostaria de dizer que não choro com facilidade. Choro apenas quando penso em meus pais. Nesse caso, tive que adiar meu encontro, por isso chorei. Sou um jovem firme em meus desafios.

UM PASSEIO INESPERADO

Não tive uma noite confortável. Acordei várias vezes e toda hora que abria os olhos lembrava-me do acontecido, sentindo vergonha do que havia feito. Estava preocupado com como reagir quando encontrasse os tios no outro dia. É muito ruim descobrir que uma ação nossa não foi das melhores.

Fiquei surpreso com a maneira como Tio Sérgio tinha nos tratado. Ele havia sido gentil comigo e com o Gino.

Enfim, chegou a hora de começar mais um dia. Não tinha vontade de ir para o café da manhã, mas, infelizmente, não teve outro jeito. Saí do quarto andando bem devagar.

Próximo à porta, estava Gino.

– Estava esperando você. Não quero entrar sozinho.

– Entendo. Vamos lá!

Entramos no refeitório e, para nossa vergonha, demos de cara com Tio Sérgio.

– Bom dia, meninos.

– Bom dia, tio.

Ele sorriu e completou:

– Tenham uma ótima refeição. Após o café, tenho novidades para vocês.

– Obrigado, tio.

Pegamos nossa refeição e fomos nos sentar. Gino, tanto quanto eu, não escondia a curiosidade sobre as palavras e a promessa do tio.

– Será que vamos levar uma bronca, Dinho?

– Não sei. Ele não parecia bravo, Gino – disse, tentando acalmá-lo.

– Ele quase nunca fica bravo, Dinho.

– Tem razão.

Cheguei a perder a fome. Percebi que o mesmo acontecia com o meu amigo. Não sabia se o tio estava chateado com a gente. Foi então que prestei mais atenção no rosto do Gino: ele demonstrava tristeza e culpa no olhar.

Após terminarmos a refeição, fomos ao encontro do Tio Sérgio, que conversava com alguns amigos nossos. Assim que nos viu, ele se aproximou.

– Amigos, tenho novidades. Hoje à tarde faremos um passeio. Vamos a um local chamado Creche Amigos do Futuro. É um local muito agradável, que cuida de crianças. Elas farão uma apresentação e fomos convidados a participar. Antes, tenho algumas instruções.

Olhei para Gino e vi que ele estava aliviado. Nem preciso falar que eu também. Voltei a atenção para o tio, que continuou:

– Vamos nos manter sempre juntos. O grupo será pequeno e é perfeitamente possível permanecermos próximos uns dos outros. Não se distanciem nem parem para conversar sem nossa autorização, por favor.

– Pode contar conosco, tio! – falei para ele.

– Ótimo. Aguardamos vocês às treze horas. Estejam prontos.

Assim que o tio saiu, ficamos aliviados. Gino estava muito feliz. Dando um pulo, gritou:

– Ebaaa! Escapamos da bronca e ainda ganhamos um passeio!

– Que bom, amigão – respondi. – Agora precisamos nos preparar e fazer tudo conforme o tio orientou; não quero problemas.

– Eu também não – completou ele.

Na hora marcada, estávamos no local indicado aguardando o veículo. Fiquei mais feliz ainda quando vi minha amiga Samanta, que também fora convidada. O veículo chegou. Era lindo, parecia uma nave espacial. Acomodamo-nos e, ao meu lado, sentou-se Samanta.

Assim que o veículo se pôs em movimento, olhei para minha amiga e perguntei:

– Como será que é essa creche, Samanta?

– Não sei, mas estou louca para conhecê-la.

– Eu também.

Não vou esconder que sinto um pouco de vergonha quando fico ao lado de Samanta. Ela é muito linda, e meu rosto fica vermelho. Acho que gosto dela de verdade. Estava tão bom ficar ao seu lado, que não percebi o trajeto.

Esqueci de comentar que estávamos vestidos com uma camiseta onde estava escrito "Lar Esperança". Era uma camiseta branca com letras na cor preta. Ficou engraçado olhar para o nosso grupo andando, todos iguaizinhos.

Chegando ao local, fomos recebidos por um senhor chamado Ivan. Ele abraçou Tio Sérgio e nos convidou a entrar. A creche estava cheia de crianças e toda enfeitada, com cartazes em comemoração ao Dia das Crianças.

Tio Ivan indicou alguns bancos reservados para nós. Uma senhora agradeceu a presença de todos e depois fez uma oração. Assim que terminou, assistimos a várias apresentações. Tinha um coral, algumas crianças apresentaram desenhos, outras cantaram músicas.

Após as apresentações, tivemos um tempo livre para brincar. Vi um menino com um brinquedo nas mãos; parei para conversar com ele.

– Olá. Como se chama?

Ele não disse nada, então insisti:

– Legal o seu brinquedo.

Gino percebeu que eu havia me aproximado do garoto e logo se juntou a nós. Infelizmente, o menino nos ignorou; virou as costas e saiu. Gino não gostou nada da atitude dele e deu um grito:

– Escute aqui, seu mal-educado! Meu amigo fez uma pergunta e não há nada de mal em respondê-la!

De novo, o garoto fez de conta que não existíamos. Gino quis ir atrás dele para tirar satisfação, mas não deixei.

– Gino, tivemos problemas demais ontem. É melhor voltarmos para o grupo antes que o tio chame nossa atenção.

– Tem razão, Dinho. Mas continuo com vontade de quebrar a cara desse menino!

– Certo. Ainda assim, é melhor nos juntarmos ao grupo.

Tio Ivan caminhou conosco mostrando os vários departamentos da creche. Depois disso, ele nos informou que era o horário de as crianças voltarem para casa. Orientados por Tio Sérgio e Tio Ivan, fomos até o portão de saída. Aos poucos, os pais foram chegando, e abraçavam os filhos antes de levá-los para casa.

Vi vários pais e filhos felizes por se reencontrarem. Sabe, nessa hora fiquei com inveja de todas aquelas crianças. Tudo o que eu queria era ter uma oportunidade daquelas. Imaginei minha mãe chegando e eu correndo até ela, dando-lhe o abraço mais apertado do mundo. Depois sairia de mãos dadas com ela, até chegar em casa. Espero tanto por esse dia!

Fora o acontecimento do menino que me ignorou, o passeio foi maravilhoso. Adorei a Creche Amigos do Futuro. Os jardins eram lindos, as crianças fizeram lindas apresentações e fiquei com inveja das que tinham encontrado pais para poder retornar às suas casas. Desculpe, não posso deixar de admitir que senti inveja.

Antes do anoitecer, voltamos para o Lar. Estávamos exaustos. Não fui jantar; após o banho, caí na cama e dormi tranquilamente.

MOMENTO DA ORAÇÃO

Levantei bem-disposto. Fiquei pensando nos motivos de o menino não ter conversado comigo no dia anterior. Será que tinha ficado com medo de mim? Não acredito, pois fui educado e não disse nada que o desagradasse.

Mesmo depois de muito pensar, não consegui encontrar resposta. A única coisa que prometi a mim mesmo foi não fazer isso com ninguém. É muito triste ser ignorado e sempre ouvi aqui no Lar que não devemos fazer aos outros o que não gostaríamos que nos fizessem. Jamais agirei assim com alguém.

Decidi aproveitar a manhã livre para estudar um pouco.

Já disse que a disciplina é muito praticada no Lar Esperança. Temos horário para praticamente tudo, inclusive para a oração.

São muito bons esses instantes em que nos reunimos, ouvindo as palavras de algum dos tios e em seguida praticando a oração. A primeira os tios fazem e nós acompanhamos, depois ficamos um tempo em silêncio e cada um tem a oportunidade de conversar com Deus na intimidade.

Nesse dia, Tia Sara explicou a importância de aprendermos a respeitar as pessoas. Disse ela que precisamos aceitar o nosso próximo com seus defeitos e suas virtudes. Isso não quer dizer que devemos concordar com os erros que eles cometem. Temos que tentar ensiná-los a enxergar seus erros, para que melhorem. Novamente concluí que o meu encontro com aquele garoto tinha sido marcado pela falta de respeito dele comigo. Pelo menos, achei que sim. Depois resolvi aplicar os conselhos da tia e aceitar a decisão dele.

Feitos os comentários, ela disse:

– Crianças, a partir de agora, fechem os olhos. Fiquem em silêncio e vamos conversar com Deus!

Após essas palavras, a tia colocou uma música bem tranquila e todos ficamos quietos, tentando fazer nossa prece.

Concentrei-me em meus pensamentos, e uma pergunta surgiu em minha cabeça: "Por que Deus deixa algumas crianças sem pais?" Depois dessa pergunta a mim mesmo, imaginei Gino dando algumas prováveis respostas:

• Primeira: esse Deus não existe.

• Segunda: Deus tem preferência por alguns e dá um pai e uma mãe somente para os preferidos.

• Terceira: Não tenho interesse em saber os motivos de Deus.

Não teve como segurar o riso. Aí, ouvi a voz da tia:

– Anjinhos, o silêncio é companheiro inseparável da oração!

Procurei voltar meus pensamentos para as possíveis razões de Deus. Sei que Ele é bom, justo e ama seus filhos. Claro que Ele existe; sempre ouço os tios explicarem que tudo o que o homem não fez, foi Deus quem fez.

Não sei por que Deus deixa as crianças sem pais. Acho que é melhor ficar pensando onde estão os meus e aguardar o encontro com eles. Deus é bom, justo e sabe o que é melhor para nós. Aprendi que precisamos aceitar o tempo Dele. Com certeza, algo bem melhor nos aguarda no futuro.

Prefiro me imaginar voltando da escola, e dando um abraço bem gostoso e acariciando os cabelos lindos da minha mãe, ou fazer o mesmo com meu pai.

Depois me lembrei de que estava em um momento de prece e resolvi conversar um pouco com Deus por meio da minha oração:

Senhor Deus,

Eu sempre ouço dos tios sobre sua bondade, e acredito nela!

Gostaria muito de pedir algumas coisas nesta oração. Cuide bem dos meus pais. Que eles tenham muita saúde e uma vida bem longa, para quando estivermos juntos.

O senhor sabe que eu quero muito, um dia, voltar da escola acompanhado do meu pai ou da minha mãe, não sabe?

Peço que não demore muito. Daqui a pouco serei um homem, e não pega bem um homem sair da escola de mãos dadas com seu pai ou sua mãe.

Assim seja.

Terminei minha prece e fiquei aguardando Tia Sara encerrar o momento da oração. Mais uns minutos, e ela disse:

– Vamos abrindo nossos olhos com calma! Quem terminou, aguarde os demais companheiros que ainda não terminaram.

Fiquei olhando para os meus amigos; aos poucos, todos foram abrindo os olhos e começamos a nos espreguiçar. Gosto muito do momento da oração; ele nos acalma e nos deixa alegres. Devagar, levantamo-nos e caminhamos para o jardim. Tínhamos um tempinho para brincar.

Enquanto caminhava, imaginei minha mãe, linda e sorridente, me aguardando ali.

Não vejo a hora de esse sonho se tornar realidade.

UM CASO ESTRANHO

Naquele dia, não tinha acontecido nada de especial. Tivemos aulas, tempo para brincar, refeições e prece. Achei que bastaria aguardar o horário de ir para a cama, até ver uma sombra próxima ao muro. Fiquei olhando para ter mesmo certeza de que tinha visto alguma coisa, para não passar vergonha de novo, como aconteceu comigo e com Gino ao ver o galho de árvore.

Fui bem devagar e encostei no muro. Saiu de trás de uma árvore um sujeito estranho com um chapéu de palha enorme e uma barba postiça. Ele encostou do meu lado e ficou quieto.

– Oi, Célio – cumprimentei.

– Não sei quem é Célio – ele respondeu.

– Já disse para você não exagerar nos disfarces. Colocar um chapéu desse tamanho e uma barba ridícula fica um pouco estranho, não acha?

– Por quê?

– Não precisei fazer esforço nenhum para descobrir que era você.

– Tudo bem, vou ser mais cuidadoso na próxima vez.

Ele olhou para todos os lados, tentando descobrir se havia alguém escutando nossa conversa. Assim que percebeu que estávamos sós, continuou:

– Estou investigando um caso muito sério.

– Sobre o quê?

– Vem comigo – disse ele, indo para o quarto.

Segui meu amigo, que estava realmente ridículo naquele disfarce, e fomos para o quarto dele. Entramos, e o "detetive" deu uma última olhada para ter certeza de que não estávamos sendo seguidos, fechando a porta em seguida.

Ele então abriu uma gaveta e puxou umas folhas soltas nas quais havia um monte de anotações. Folheou algumas e, de vez em quando, parava para ler o que tinha escrito.

Fiquei parado, apenas olhando para o meu amigo.

Ele ajeitou o chapéu, passou a mão direita na barba e começou a dizer:

– Você acredita em vida após a morte?

– Em quê? – falei. Não tinha certeza de se havia entendido a pergunta.

– Isso mesmo, Dinho. Você acha que é possível alguém continuar vivendo depois que morre?

Fiquei espantado. Nunca tinha pensado nisso, e quis saber dele:

– Por que está me perguntando isso? Descobriu alguma coisa?

Ele deu mais uma ajeitada no chapéu, falando em seguida:

– Estava investigando um caso outro dia. Sou profissional, por isso não posso dizer que caso é esse. Mas passei em frente à sala do Tio Sérgio e ouvi uma conversa dele com a Tia Sara.

Interrompi Célio, questionando:

– E o que isso tem a ver com vida após a morte?

O "detetive" pegou as folhas de papel e procurou uma anotação. Após ler o que havia escrito, olhou para mim e respondeu:

– Ele falava com ela sobre uma aula que daria para um grupo de pessoas com mais de dezoito anos. Se minhas anotações estão corretas, ele comentou sobre uma coisa chamada mundo espiritual. É um lugar para onde vamos depois que morremos.

Fiquei surpreso com as palavras de Célio.

– Tem certeza de que ouviu isso mesmo? – indaguei.

– Certeza absoluta – falou ele. – Tio Sérgio ainda disse que não precisamos temer a morte. Somos espíritos imortais, quer dizer, não morreremos jamais.

Novamente ele conferiu as folhas, depois continuou:

– Tia Sara perguntou se ele levaria um livro chamado *O Livro dos Espíritos*. Pelo que entendi, é um livro que fala sobre uma doutrina chamada Espiritismo, que ensina tudo sobre a vida material e a vida espiritual.

– Nossa, será que podemos ler esse livro também? – quis saber.

– Vou me informar e depois eu te falo – ele respondeu.

– Combinado, Célio.

Depois disso, voltei para o meu quarto. Coloquei meu pijama e deitei. Enquanto pensava nas palavras do meu amigo, algo passou pela minha cabeça, espalhando um arrepio pelo meu corpo todo. Será que meus pais tinham morrido e ido para o mundo espiritual? Seria por isso que Tio Sérgio não me levava até eles?

Fiquei triste ao pensar nessa possibilidade. Se fosse verdade, eu não poderia encontrar meus pais, nem teria uma família. Todos os meus sonhos desapareceriam. Não sou de chorar, como sempre digo, mas desta vez foi impossível segurar as lágrimas.

CONVERSA COM TIA SARA

No outro dia, após a conversa e a descoberta de Célio, acordei muito mal. Não tinha vontade de sair da cama, e a ideia de não poder mais encontrar meus pais não saía da minha cabeça. Senti que estava doente; não tinha forças para me levantar. Fechei os olhos e dormi novamente.

Fui acordado com uma mão acariciando meu rosto. Ao abrir os olhos, vi que Tia Sara estava sentada em minha cama.

– Bom dia, meu amor! Não foi para a aula hoje... O que aconteceu?

Fiquei com vergonha por ela ter me acordado. Estava ainda sonolento, então sentei-me para despertar e conversar com ela.

– Bom dia, Tia Sara. Não estou passando bem e acabei dormindo demais.

Ela me encarou com seu olhar carinhoso. Tive a impressão de que o olhar de uma mãe devia ser daquele jeito. Imaginei que o da minha mãe seria igual ou ainda mais afetuoso que aquele. Confesso que fiquei tão emocionado, que meus olhos se encheram de lágrimas novamente.

Ela me abraçou, deu um beijo em minha testa e começou a conversar:

– Pelo jeito, tem algo acontecendo nessa cabecinha, meu anjo. Gostaria de se abrir comigo? Pode falar o que quiser; estou aqui para ajudá-lo.

Mais uma vez pude ter uma ideia de como devia ser bom ter uma mãe. Elas nos dão segurança e estão sempre por perto quando precisamos. Felizes são aqueles que têm pessoas que o amam por perto.

Tomei coragem, após o jeito carinhoso com que ela me tratou, e resolvi desabafar com Tia Sara:

– Tia, é verdade que existe um lugar chamado mundo espiritual e que as pessoas que morrem vão para lá?

Tia Sara sorriu. Acomodando-se melhor, explicou:

– Existe sim, meu filho. Todos nós somos, na verdade, espíritos, e o que chamamos de mundo espiritual é a nossa verdadeira casa. O período de vivência na Terra é apenas temporário.

Vendo que eu estava interessado nas explicações, ela continuou:

– Morrer no corpo físico nada mais é que deixar uma vida passageira para entrar na vida real, que é a do espírito imortal. Não há motivos para ter medo da morte.

– Tia, o que está me deixando assim é o medo de que meus pais voltaram para o mundo espiritual.

Ela sorriu e me abraçou novamente.

– Meu filho, existem muitas coisas que você desconhece. Não fique preso em ideias das quais não tem certeza! Esse é o motivo da sua indisposição? Com o tempo, as respostas chegarão, e você irá se surpreender. Tenha calma.

– Se isso aconteceu, todos os meus sonhos e minha busca perderam o sentido. Eu não quero passar por isso!

Depois dessas palavras, percebi o quanto eu chorava. Não sei dizer o que meus pais representavam para mim, mas, mesmo sem conhecê-los, sabia que os amava muito!

Tia Sara, vendo meu desespero, tentou me animar:

– Dinho, não sofra por aquilo que não sabe! Claro que encontrará seus pais; acredite em mim, por favor. Tio Sérgio já me disse que está só aguardando o momento certo.

– Mas por que tanto mistério?

– Já dissemos para confiar em nós, meu amado amiguinho! Existem conhecimentos que chegarão a você na hora exata. Todos nós do Lar estamos trabalhando para que encontre seus pais.

Percebi que não deveria insistir. As palavras de Tia Sara haviam sido amorosas e firmes. Sabia que não teria as informações que desejava. Tentei me acalmar, mas queria continuar a conversa. Minha curiosidade não tinha terminado.

– Tia Sara, a senhora tem filhos?

Percebi a surpresa que minha pergunta provocou. A face da tia ficou vermelha, e não sabia se ela estava feliz ou não com minha pergunta. Ela olhou para o teto, parecendo se lembrar de alguma coisa. Após um longo silêncio, respondeu:

– Ah meu filho! As lembranças que essa pergunta provocou me levaram longe. Fui mãe, sim.

– E hoje não é mais? Como assim?

Ela olhou para mim, puxou-me de encontro ao peito e me envolveu com um abraço apertado.

– Hoje sou mãe de criaturas maravilhosas como você! Sinto-me sua mãe e tenho um carinho enorme por todos aqui no Lar!

Senti o carinho de mãe novamente, e aproveitei para saber:

– Tia, os pais amam os filhos da mesma forma como os filhos amam os pais? É que eu sinto um amor muito grande pelos meus.

Ela sorriu e respondeu:

– A mais pura expressão do amor é dos pais para os filhos e dos filhos para os pais, Dinho.

Eu tinha muitas perguntas na mente. Estava pronto para continuar, quando Tia Sara se levantou e bateu palmas para me incentivar.

– A conversa está muito boa, mas os compromissos o chamam, meu amigo. É hora de se levantar e ir para os estudos. Vamos, fora desta cama agora! – disse ela brincando.

Mais animado e esperançoso, pulei da cama e fui me preparar para as atividades...

CONVERSA COM GINO

No final do dia, fomos dispensados pelos tios. Estávamos livres para brincar, conversar ou qualquer coisa que quiséssemos.

Gino se aproximou para saber o motivo do meu atraso. Contei a ele o que tinha acontecido: a descoberta de Célio, meus medos e a conversa com Tia Sara.

– E o que você achou dessa história de que a morte não existe?

– Gino, sinceramente, não me preocupei com a morte, e sim com a possibilidade de meus pais terem morrido.

– Não foi isso que eu perguntei.

– Eu sei.

– Pode responder, por favor?

– Achei legal essa história. Assim não perdemos aqueles que amamos, nem pais, nem amigos etc. E você, o que acha?

– Sei lá, não sei o que pensar – ele falou, dando de ombros ao mesmo tempo.

Percebi que Gino tinha ficado com pena de mim. Ele, que era sempre agitado e tinha respostas na ponta da língua, deixava transparecer que entendia minha dor. Ficamos quietos por um bom tempo.

Sabe, para falar a verdade, pude perceber o quanto os amigos são importantes. Sei que às vezes temos discussões com aqueles que gostam de nós; isso é normal. O problema acontece quando não sabemos perdoar. Quando discutir com alguém, não tenha medo de pedir perdão nem de perdoar.

Gino resolveu conversar mais um pouco:

– Olha, de qualquer jeito, acho que Tia Sara foi muito legal ao dizer que somos seus filhos. Não seria ruim ter uma mãe como ela.

– Eu também acho. Ela é carinhosa, inteligente, bonita.

– Ei, será que ela é sua mãe, Dinho?

– O quê? Você enlouqueceu?

– E por que não? Pode ser que ela esteja cuidando de todos nós, mas principalmente de seu filhinho querido!

Agora Gino tinha voltado ao normal. Estava sendo irônico me chamando de "filhinho querido", e, para completar, começou a bater palmas dizendo:

– Filhinho da Tia Sara, filhinho da Tia Sara...

Percebi que era hora de terminar a conversa.

– Pare de pensar besteiras, Gino. Melhor irmos nos preparar para as atividades noturnas.

UM RUMO PARA MINHA VIDA

Naquela noite foi difícil dormir. Fiquei com as palavras de Gino na cabeça. Será que ele estava certo ao dizer que Tia Sara era minha mãe? Se fosse verdade, por que ela não dizia logo e me levava para casa?

E quanto ao meu pai? Será que havia morrido, e ela não queria me deixar triste, por isso aguardava a hora certa para contar tudo? Talvez esse fosse um motivo para o silêncio dela. Talvez...

Fiquei tentando lembrar se alguma vez ela tinha deixado alguma pista, como uma frase em uma conversa, talvez um comentário com alguém, mas nada apareceu em minha cabeça que confirmasse isso.

Por fim, a única coisa que veio à minha cabeça foi um desabafo para mim mesmo, em voz alta:

– Puxa, como encontrar meus pais está dando trabalho!

Depois de muito tempo, acabei caindo no sono. Tive um sonho maravilhoso em que Tio Sérgio havia me chamado para esclarecer minha situação. Ele me informava de que estava chegando a hora de eu enfim ir para casa e, o mais importante: a hora de me encontrar com meus pais.

Pena que na hora de me apresentar a eles eu acordei. É sempre assim nos sonhos: quando vai acontecer algo maravilhoso, acordamos. Isso é muito chato e me deixa com raiva.

Naquele dia, apesar da frustração do meu sonho, tive uma sensação muito boa. Não sei explicar, mas sabia que algo bom iria acontecer comigo.

Não teríamos aula, então fui para o jardim. No caminho, ouvi uma voz atrás de mim:

– Bom dia, filho da Tia Sara.

Olhei para trás e vi o Gino.

– Pare com essa brincadeira. Se alguém escuta, não sei se ela vai gostar.

– Tudo bem. Vamos lá!

Dirigimo-nos para o jardim. Assim que eu e Gino chegamos, vimos que Tia Sara brincava com algumas crianças. Fiquei com vergonha e preocupado com as possíveis brincadeiras sem graça do meu amigo. Por sorte, ele viu Célio do outro lado e foi conversar com ele.

Vi que Tia Sara vinha em minha direção. Ela se aproximou e, com um sorriso, perguntou:

– Bom dia, meu filho. Tudo bem com você?

Ouvir as palavras "meu filho" fez meu coração bater mais forte. Ainda estava pensativo sobre essa história.

– Bom dia, Tia Sara. Estou muito bem.

– Que bom, Dinho; precisamos conversar. Vamos até a minha sala, por favor.

Ela pegou minha mão e fomos caminhando lentamente. A distância entre onde estávamos e a sala de Tia Sara não era grande, mas desta vez ficou enorme. Estava ansioso e preocupado ao mesmo tempo.

Entramos na sala, e Tia Sara indicou uma cadeira para que eu me sentasse. Ela deu a volta e sentou-se também. Acomodou-se e me olhou com firmeza. Apesar do carinho que demonstrava, não vou esconder que fiquei com medo do que ela poderia me dizer. Ah, e o coração continuava acelerado!

– Dinho, gostaria de retomar aquela nossa conversa. Depois que nos despedimos, fui conversar com o Tio Sérgio.

– Espero que ele não esteja bravo comigo porque não me levantei na hora certa, tia! – interrompi.

Ela sorriu e, tentando me acalmar, continuou:

– De forma alguma. Não se preocupe com o atraso. Acho que o que eu tenho para dizer é mais sério. Como estava lhe dizendo, fui conversar com o Sérgio sobre sua situação. Sua história é algo que nos deixa sensibilizados e com muita vontade de que dê tudo certo, da forma como você merece.

Ela parou um instante, depois prosseguiu:

– Sérgio cuida pessoalmente da sua história. Desde que chegou aqui, ele tem observado sua trajetória e conversado frequentemente conosco. Todos nós sabemos da importância de revelar a verdade que tanto busca.

A essa altura, eu tremia todo por dentro. "Está chegando a hora de eu saber minha verdadeira história? Meu sonho se tornou realidade?"

Não conseguia piscar os olhos e aguardava ansioso cada palavra da Tia Sara.

– Dinho, por incrível que pareça, quando entrei na sala do Sérgio, ele estava com sua ficha e seu histórico nas mãos, analisando-os. Ao me ver, sorriu...

– Que bom que está aqui, Sara. Estava pronto para chamá-la.

– Pelo que estou vendo, vamos conversar sobre o nosso anjinho – respondi. – Vim aqui para isso. E, pelo jeito, está chegando a hora de o nosso amigo saber a verdade.

– Sim, não podemos adiar mais; é uma oportunidade única.

Não resisti e tentei me antecipar:

– Tia Sara, a senhora é minha mãe?

Tia Sara não resistiu e soltou um sorriso que era quase uma risada.

– Seria uma honra, meu filho. Que mulher não desejaria uma criança tão amorosa como você? Mas infelizmente não sou sua mãe.

Tia Sara se ajeitou na cadeira e prosseguiu:

– Conversamos sobre os planos que temos para você. Hoje será um dia especial. Está na hora de definir sua vida. Prepare-se que à noite Sérgio irá buscá-lo para dar um passeio e lhe apresentar duas pessoas especiais.

– São meus pais? – perguntei, dando um salto na cadeira.

Ela se levantou, veio em minha direção e me abraçou.

– Lembre-se das preces, Dinho. Agora é hora de ir para o seu quarto e ficar em oração. O restante é o Tio Sérgio quem irá lhe contar. Agora vá, e não se esqueça das orações.

Ganhei um beijo de Tia Sara e fui correndo para o meu quarto. Minha alegria era tanta, que tinha vontade de chorar, gritar e abraçar todo mundo ao mesmo tempo. Será que estava chegando a hora de finalmente conhecer meus pais?

Segui as recomendações de Tia Sara e fiquei rezando e agradecendo a Deus por tudo o que estava acontecendo. Estava tão feliz que não sabia se era melhor sorrir ou chorar de alegria.

Mas o dia seria longo, e o tempo insistia em não passar... até que a noite chegou.

REVELAÇÕES DO TIO SÉRGIO

Por que será que a hora não passa quando estamos esperando que algo muito, muito importante para nós aconteça? Era assim que eu aguardava Tio Sérgio. Não vou esconder que eu rezava um pouco, mas abria os olhos para ver se ele tinha chegado, e só depois voltava a rezar. Até que, enfim, ele entrou em meu quarto. Pulei da cama e falei:

— Oi, tio! Posso arrumar minhas coisas para irmos ver meus pais?

Somente depois da pergunta é que olhei para o rosto dele. Tio Sérgio estava mais sério; nem parecia estar feliz. Sua voz confirmava que ele tinha uma coisa muito importante para dizer.

— Boa noite, meu amigo. Peço-lhe um pouco de paciência. Antes precisamos ter uma conversa de "adultos".

Gostei da parte de ser chamado de adulto. Ele prosseguiu:

— Peço que você ouça atentamente o que tenho para dizer e confie em mim, tudo bem?

— Claro que sim, tio. Mas o que pode ser tão grave? Aconteceu alguma coisa com os meus pais?

— Calma, meu amigo.

Outra vez ele me chamava de amigo. Depois voltou a falar:

— Dinho, sei da sua conversa com o Célio sobre o mundo espiritual. Tudo o que ele lhe disse é verdade. A vida não termina quando nós morremos. O outro lado da vida nada mais é do que a continuação de tudo o que existe na vida do corpo físico. A realidade é que a vida material é uma "cópia" do plano espiritual.

Ele olhou bem nos meus olhos para ter certeza de que eu o estava acompanhando. Fiz um sinal positivo com a cabeça.

— Pois bem. A primeira coisa que quero que saiba é que nós, eu, você e todos os demais habitantes do Lar Esperança, estamos no mundo espiritual!

Quando ouvi isso, quase desabei no chão.

– Quer dizer que estamos mortos?

– Essa não é bem a palavra. Estamos fora da vida material, mas, como você vê, estamos vivos e em outra dimensão.

Não sei dizer o que se passava em minha cabeça. Queria apenas ouvir as explicações do tio.

– O Lar Esperança é uma instituição criada para receber aqueles que retornam para a vida espiritual após ficar pouco tempo na vida material. Crianças que morrem são acolhidas neste local e, aos poucos, vão crescendo e recebendo mais informações. Você está me entendendo?

– Sim, pode continuar.

– Na medida em que se desenvolvem, as crianças são encaminhadas para outros lugares; vão para colônias, reencontram outros grupos, enfim, voltam para aqueles que amam.

– Tio, mas por que vocês não contam isso para todos?

Ele sorriu pela primeira vez, percebendo meu interesse.

– Contamos na hora certa, Dinho. Cada um de vocês tem uma história e possui necessidades diferentes, por isso aguardamos o momento certo, como está sendo o seu agora.

Foi nesse instante que me lembrei dos meus pais.

– Quer dizer que meus pais estão na vida material e eu não poderei encontrá-los?

Após a pergunta, fiquei muito triste e com medo de que minha busca não terminasse ali.

Percebendo minha angústia, Tio Sérgio tentou me acalmar.

– Fique tranquilo em relação a isso. Vamos falar de você, agora. – Ele colocou a mão em minha cabeça e continuou: – Eu, você e Tia Sara somos amigos de outras encarnações.

Isso quer dizer que já vivemos juntos em outros tempos. Reencarnar quer dizer voltar para a matéria, entendeu?

— Sim.

— Devido a alguns compromissos, você retornou muito cedo para o Lar Esperança. Era necessária uma vida curta, para reiniciá-la em breve. Cuidamos para dar a você o melhor possível e tentamos acalmar a saudade que sente dos seus pais. Na verdade é saudade de seres que você ama muito, e é também muito amado por eles.

Agora o assunto tinha me interessado ainda mais.

— E onde eles estão agora?

O rosto de Tio Sérgio mostrava uma expressão mais calma.

— Depois da perda do primeiro filho, há mais de onze anos, eles decidiram ter uma nova criança. Dá para ter uma ideia de quem é?

Não vou esconder. Fiquei com ciúmes ao pensar na ideia de outra criança tomar o meu lugar. Fiquei com cara feia. Ele percebeu e me acalmou mais uma vez:

— Será necessário que volte para os braços daqueles que tanto o amam, meu amigo.

— Como assim, tio?

— Você terá que reencarnar; voltar novamente para a vida material.

— Mas como eles vão saber que sou eu?

Agora minha cabeça fervilhava. Imagine eu voltar e meus pais terem se esquecido de mim! Seria impossível conviver com eles sendo um estranho. Depois de tanto esperar, não seria justo passar por isto. Estava ansioso pela resposta.

— Foi por isso que Tia Sara disse para me aguardar em prece. Vamos aproximá-lo de seus pais. Hoje estaremos presentes em sua futura casa. Primeiro eles não vão conseguir vê-lo; depois, durante o sono, será possível vocês se encontrarem.

– Durante o sono deles?

– Isso mesmo. Quando dormimos, temos a possibilidade de ver o mundo espiritual e conversar com aqueles que estão em outro plano. Será dessa maneira o reencontro de vocês.

– Então é verdade que eu encontrarei meus pais hoje?

– Encontrar, sim; ficar com eles, não. É isso que eu quero que entenda. É o primeiro de uma série de encontros. Depois teremos que encaminhá-lo para o departamento de reencarnação, que tomará as providências para sua volta. Tenha a certeza de que eu e Tia Sara estaremos sempre com vocês, almas queridas.

– Então vamos rápido, tio!

Após dizer essas palavras, fui em direção à porta. Ele olhou para mim com satisfação e fez um gesto indicando que era para esperar.

– Antes, tenho algumas recomendações. Será um encontro rápido; entenda que vamos ter que conversar o mínimo possível, e o principal: teremos que retornar para o Lar Esperança. Sei que será emocionante para todos, porém é necessário que ninguém se precipite, para mantermos a harmonia, combinado?

Minha alegria era tanta, que aceitei prontamente. Restava ainda um último aviso:

– Antes de partir, façamos uma prece.

Sentamos lado a lado e, de olhos fechados, acompanhei a prece que ele fez. Confesso que foi a melhor oração que já fiz.

REENCONTRO

O trajeto não foi longo. De mãos dadas com Tio Sérgio, cheguei àquela que seria a minha futura casa. Nem preciso falar da sensação que tomava conta de mim. A busca de tanto tempo parecia ter chegado ao fim. Antes de entrar, Tio Sérgio lembrou-me das recomendações.

Entramos. Ouvíamos vozes vindas de um dos cômodos da casa. Parecia que duas pessoas conversavam, e fomos ao encontro delas. Sentia uma forte emoção e apertei a mão do Tio com muita força.

Quando conseguimos chegar aonde as duas pessoas estavam, fiquei paralisado ao ver o casal que conversava. Não sei descrever o que senti; a única coisa de que tinha certeza era das lágrimas que caíam.

Minha mãe era linda! Não, minha mãe era maravilhosa! Não, minha mãe era... a pessoa mais bela que eu já tinha visto em toda a minha vida!

Meu pai era um homem incrível! Sei que era inteligente, bonito e o melhor pai do mundo!

Não resisti. Soltei da mão do Tio Sérgio e fui correndo dar um abraço nela. Infelizmente, ela não me viu, mas tenho certeza de que percebeu que eu estava ali, porque parou de conversar com meu pai, sentindo uma forte emoção.

– Aconteceu alguma coisa? – ouvi meu pai perguntar a ela.

– Estranho. De repente, uma forte emoção tomou conta de mim. Não sei explicar, mas senti um amor, uma sensação de bem-estar tão grande... Nem sei o que dizer!

Abraçado a ela, olhei para o seu rosto e percebi que minha mãe chorava.

– Deve ser esta história de gravidez. Está mexendo muito com você – falou o meu pai, com o seu jeito inteligente de ser.

Soltei minha mãe e corri para ele. Assim que o abracei, ele também percebeu algo diferente. Olhou para minha mãe e comentou algo que fez Tio Sérgio abrir um sorriso:

– Acho que está na hora. Já faz tanto tempo que perdemos nosso filhinho, e hoje sinto que estamos prontos para tentar novamente.

– Tenho certeza disso – concordou minha mãe.

Ela era linda! Ele era inteligente, e eu, o menino mais feliz do mundo. Desculpe, errei a palavra: sou o "homem" mais feliz do mundo!

Naquele dia, eu e Tio Sérgio acompanhamos os dois. Eles jantaram, depois meu pai foi ler um livro, enquanto minha mãe organizava alguns papéis. O tempo todo eu ficava admirando os dois, até o momento em que foram dormir.

Esqueci de falar que, pouco antes de eles se deitarem, Tia Sara chegou. Assim que meus pais dormiram, Tia Sara e Tio Sérgio, em prece, estenderam as mãos sobre os dois. Aos poucos uma luz foi saindo do corpo deles, e vi meu pai e minha mãe saindo do corpo.

Eles reconheceram Tio Sérgio e Tia Sara, e se abraçaram. Depois de um tempo abraçados, Tio Sérgio conversou com eles:

– Temos uma surpresa para vocês.

Assim que minha mãe me viu, ela deu um grito:

– Filho!

Em seguida, veio em minha direção e me abraçou.

– Você cresceu e está lindo! Como Deus é bom. Obrigado, senhor.

Depois foi a vez de meu pai se aproximar. Juntos, ficamos abraçados e chorando. Tio Sérgio e Tia Sara observavam a cena. Depois do longo abraço, Tio Sérgio começou a falar com meus pais:

– Caros Renata e Pedro, é chegado o momento de nosso Lucas retornar ao plano material para cumprir uma nova jornada no corpo físico. O amor mais uma vez uniu vocês três. A partir de hoje, faremos visitas cada vez mais frequentes para estreitar os laços novamente, para depois deixar nosso amiguinho entregue ao departamento de reencarnação da colônia espiritual que vocês conhecem bem.

Minha mãe e meu pai olharam de novo para mim e me deram outro abraço.

– Como Deus é grandioso! Nosso filho novamente em nossos braços – minha mãe comentou.

– Vamos formar uma família outra vez! – completou meu pai.

Tia Sara tomou a palavra:

– Saibam vocês que nós, os amigos da espiritualidade, estaremos sempre por perto para colaborar. Os desafios serão muitos, e o amor será a defesa maior para que juntos superem os obstáculos. Lucas será o elo que unirá o casal, e os pais serão os responsáveis por conduzi-lo no caminho do bem!

Após as palavras de Tia Sara, Tio Sérgio avisou que era hora de partir. Fiquei com muita vontade de permanecer ali com meus pais, mas entendi que deveria obedecer, apesar da tristeza de ter de deixá-los. Tio Sérgio percebeu que meus pais sentiam o mesmo, então fez um convite:

– Antes de partir, acho que o nosso pequeno amigo poderia fazer uma prece.

Abraçado aos meus pais, apenas consegui dizer:

– Senhor Jesus, obrigado por ser muito bom comigo. Hoje conheci minha mãe, que é linda e amorosa, e meu pai, que é bom e inteligente. Obrigado também pelo Tio Sérgio e pela Tia Sara; eles são anjos que o senhor me deu! Assim seja!

Após a prece, ainda dei mais um abraço em meus pais e ganhei um beijo deles. Aproveitei e também retribuí com um beijo afetuoso. Depois, partimos para o Lar Esperança. Chegando lá, recebi as orientações dos tios: eles pediram que eu não falasse nada aos meus amigos, que eles mesmos fariam isso.

Fui para meu quarto. Agora sabia que meu nome era Lucas e tive certeza de que não estava errado quando pensava em meus pais. Poderia dizer novamente: MINHA MÃE É LINDA E MEU PAI TAMBÉM!

Após esse dia, fiz várias visitas a eles. A cada encontro, sentia-me mais e mais próximo da minha família. Havia dias que o tempo era favorável e eu conversava muito; em outros, as visitas eram rápidas. Tudo caminhava para uma reencarnação de sucesso, conforme dizia o Tio Sérgio.

A HORA ESTAVA PRÓXIMA

Certo dia, estava pronto para me reunir com meus amigos e ir para a aula, quando o Gino apareceu correndo.

– Dinho, Dinho! Tenho um recado do Tio Sérgio para você.

Parei para ouvir o que o meu amigo tinha a dizer.

– Ele disse para ir agora mesmo à sala dele – o Gino acrescentou.

Obedeci e mudei meu roteiro. Despedi-me dos meus amigos e segui para a sala do Tio Sérgio. Ele me aguardava. Pedi licença e me postei diante dele.

– Bom dia, meu amigo! Recebi orientações superiores e chegou o momento de você deixar este plano da vida para ficar definitivamente com seus pais. Na próxima semana deixaremos você aos cuidados dos meus amigos do departamento de reencarnação.

Um arrepio correu pelo meu corpo todo. Queria muito estar com meus pais, mas agora sabia que teria que deixar o Lar Esperança e todos os meus amigos. Sentiria muito a falta do Gino, do Célio, do Tadeu, da Sami e de todos os outros.

Tio Sérgio percebeu minha emoção.

– Entendo o que está sentindo agora. Para uma criança da sua idade, é muita informação. Tenho que admitir que você é um espírito maduro e consegue entender o que está acontecendo.

– Tio, o que direi aos meus amigos?

– A verdade, Dinho. Já é hora de alguns saberem a verdade. Chamarei seus amigos e direi que você encontrou seus pais e que está a caminho de se unir a eles. No momento certo, darei os detalhes. Faremos isso hoje, ao anoitecer.

Retornei para a aula e tive um dia normal; pelo menos, tentei ter um dia normal. Todos perguntavam o motivo de eu estar pensativo, e eu respondia apenas que não sabia, para não adiantar a conversa que teríamos mais tarde.

Quando a noite chegou, estávamos reunidos eu, Tio Sérgio, Gino, Célio e Samanta.

Tio Sérgio começou a conversa:

– Meus amigos, o motivo dessa nossa reunião é para fazer um comunicado sobre a mudança que acontecerá com um amigo nosso. Dinho está de partida para uma nova vida e deve nos deixar nas próximas semanas.

Todos nos entreolhamos, e o tio seguiu com o discurso:

– Vocês sabem que o sonho dele sempre foi encontrar os pais, e agora ele se realizará. Deem os parabéns a ele! Futuramente, vocês entenderão os detalhes do que está acontecendo; por ora, vamos dar o máximo de afeto ao nosso amigo.

– Quer dizer que ainda temos uma semana para aguentar você?

Nem preciso dizer quem falou isso.

– Sentiremos sua falta – disse Sami.

Confesso que as palavras dela causaram um aperto em meu coração.

– Examinarei melhor este caso para dar minha opinião!

– Obrigado, Célio.

Recebi um abraço dos meus melhores amigos e depois todos saíram da sala, deixando-me a sós com o tio. Foi aí que eu tive uma ideia.

– Tio, posso lhe pedir uma coisa?

– Claro, Dinho. Peça.

– Gostaria de deixar minha história por escrito aqui no Lar Esperança. Talvez um dia ela sirva para alguém.

– Que excelente ideia, meu filho. Faça isso durante esta semana. Depois deixe os textos comigo.

Depois dessa conversa, fui para o meu quarto e comecei a escrever. No momento em que escrevo estas linhas finais, já me despedi dos amigos e estou pronto para partir. Não vou deixar registrada a conversa que tive com eles, porque estou chorando muito e também porque vou sentir saudades de todos.

Aproveito ainda para defender o amigo da Creche Amigos do Futuro. Ele não falou comigo porque estava encarnado e não me viu. Hoje entendi que não foi maldade; por isso, é complicado julgar nosso próximo.

Ainda me resta um tempinho e gostaria de deixar algumas rápidas palavras. Se você está próximo a alguém que ama, diga isso para ele agora. Se essa pessoa já partiu, faça uma prece para ela e diga o quanto a ama e o quanto ela é especial para você. O amor é a melhor coisa que existe; jamais deixe de amar!

Enfim, a busca terminou. Estou indo ao encontro dos meus pais!

Fiquem com Deus.

Dinho.

NA MATERNIDADE

Meses depois, na maternidade do Hospital Padre Anchieta, ouve-se o choro de várias crianças. Enquanto outras dormem, uma em especial parece o bebê mais feliz do mundo, agitando-se enquanto a enfermeira troca suas fraldas. Ela olha para a amiga de trabalho e comenta:

– Incrível, parece que esta criança já nasceu feliz. Não a vi chorando em momento algum depois que chegou à maternidade!

Olhando para o bebê, a outra enfermeira aproximou-se e brincou com o recém-nascido, respondendo:

– Ele é o nosso lindinho, não é, bebê? Para nós, agora ele será o Dinho... Lindinho! – Ela pegou o menino no colo e completou: – Agora é hora de ir para os braços da mamãe e do papai!

Após as palavras da enfermeira, parecia que a criança tinha entendido que iria finalmente para os braços dos pais. Agitou-se e deu a impressão de que sorria. A enfermeira envolveu o menino em uma manta e foi em direção ao quarto, onde a mãe aguardava o filho com ansiedade.

– Aqui está seu filhinho, mãe! – disse a enfermeira, entregando o menino para Renata.

Com lágrimas nos olhos, a mais nova mamãe deu um beijo no rosto do filho amado e o acomodou no colo. Ela estava sentada na cama e viu a criança tranquilamente apoiar a cabeça em seu coração.

A enfermeira, vendo a cena, falou:

– Fique com Deus, Dinho.

– Dinho? – perguntou a mãe com certo espanto.

A moça sorriu e contou aos pais o motivo do apelido da criança.

– Concordo com você – disse o pai. – Pode ser loucura da minha cabeça, mas tenho a impressão de que já conhecia meu filho antes mesmo de ele nascer.

O menino se movimentou ao ouvir as palavras do pai, demonstrando que o genitor, sem saber, dizia a mais pura verdade. Depois de um breve despertar, sinalizando positivamente para as palavras, a criança se acomodou de novo sobre o coração de sua mãe.

Sem que notassem a nossa presença, Sara e eu elevamos o pensamento a Deus e agradecemos por aquele momento. Agora, uma parte do nosso trabalho estava finalizada. Restava apenas aguardar o tempo fazer a sua parte para que, juntas, aquelas três almas que se amavam pudessem seguir sua trajetória na Terra. Obviamente que estaríamos sempre por perto, para colaborar naquilo que pudéssemos.

Estávamos prontos para retornar ao Lar Esperança, e a cena que se desenhava à nossa frente era uma mãe com um filho no colo e um pai sorridente envolvendo os dois corações que ele amava em um abraço.

Tomo a liberdade de incluir esta imagem no texto do meu amiguinho. Sei que ele ficará feliz por saber que sua história poderá servir de inspiração a muitos pais e filhos. Por ora, peço a Jesus que inspire a todos nós, estejamos no corpo físico ou fora dele, para que possamos nos tornar, a cada dia, criaturas melhores!

Sérgio.

CONHEÇA OUTRAS

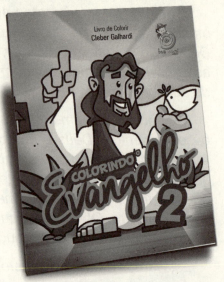

COLORINDO O EVANGELHO
20x28 cm | 20 páginas
Uma vida tão bela não pode ficar em preto e branco, não é mesmo? Por isso, neste livro, você vai ver ilustrações relacionadas a O Evangelho segundo o Espiritismo, com frases ditas por Jesus. Vamos aprender um pouco mais sobre o Mestre, dando um colorido especial a nossa vida através da presença de Jesus?

COLORINDO O EVANGELHO 2
20x28 cm | 20 páginas
Neste livro você vai ver ilustrações relacionadas a O Evangelho segundo o Espiritismo, com frases ditas por Jesus. Vamos aprender um pouco mais sobre o Mestre, dando um colorido especial a nossa vida através da presença de Jesus? Divirta-se e aproveite a companhia do melhor homem que já existiu.

EU SOU ASSIM!
27x27 cm | 28 páginas
Era uma vez um menino muito triste. Não gostava de suas roupas e achava que todo mundo se vestia bem, menos ele. Deixava até de sair de casa por medo de ninguém se aproximar e de não conseguir fazer amigos. Até que um dia algo aconteceu e ele percebeu que não adiantava agradar aos outros se ele próprio não estivesse bem consigo mesmo. Descubra com esta história que você também pode ser feliz sendo exatamente quem você é.

boanova editora

Catanduva-SP 17 3531.4444 | São Paulo-SP 11 3104.1270
Sertãozinho-SP 16 3946.2450 boanova@boanova.net | www.facebook.com/boanovaed

OBRAS DO AUTOR

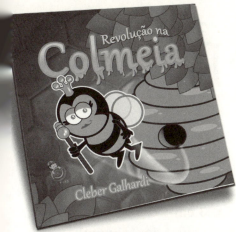

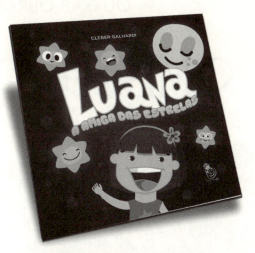

REVOLUÇÃO NA COLMEIA
27x27 cm | 28 páginas
Certo dia, um grupo de abelhas decide abandonar as funções que desempenha na colmeia. Umas decidem não trabalhar, enquanto outras trocam de posto. Mas essa decisão coloca em risco a vida de toda uma sociedade. Para voltar à harmonia, é necessário que cada uma assuma os talentos naturais e exerça, através do trabalho, as aptidões que herdou da natureza. *** Acompanha cartela com adesivos. ***

LUANA, A AMIGA DAS ESTRELAS
27x27 cm | 32 páginas
Conheça a história de Luana, uma menina apaixonada pela lua e pelas estrelas. Todas as noites, Luana ficava admirando o céu e suas amigas, as estrelas. Certo dia, ela e sua cachorrinha Lili receberam a visita de uma estrela em forma de fada. Juntas, elas se divertiram e obtiveram da Fada da Estrela um ensinamento que ficaria para sempre guardado em seus corações.

PLANETA MARROM
27x27 cm | 32 páginas
Você consegue imaginar um mundo onde existe somente uma cor? Joca, um menino muito curioso e observador, teve essa oportunidade. Fez uma visita a um planeta chamado Marrom. Após essa viagem, pôde perceber a beleza do planeta Terra e a importância de valorizar as diferenças entre seus habitantes. Embarque nessa aventura divertida, cheia de surpresas, e saiba qual foi o maior aprendizado de Joca.

boa nova
editora

Catanduva-SP 17 3531.4444 | São Paulo-SP 11 3104.1270
Sertãozinho-SP 16 3946.2450 boanova@boanova.net | www.facebook.com/boanovaed

OUTRAS OBRAS DO AUTOR

O MISTÉRIO DA CASA

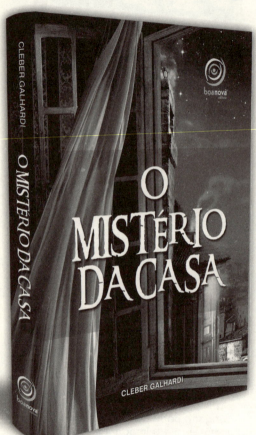

CLEBER GALHARDI
16x23 cm
Romance Infantojuvenil
ISBN: 978-85-8353-004-6

256 páginas

Uma casa misteriosa! Um grupo de pessoas que se reúnem alguns dias por semana, sempre a noite! Um enigma? O que essas pessoas fazem ali? O que significa esse código? Descubra juntamente com Léo, Tuba e Melissa as respostas para essas e outras situações nessa aventura de tirar o fôlego que apresenta aos leitores uma das principais obras da codificação de Allan Kardec.

LIGUE E ADQUIRA SEUS LIVROS!

Catanduva-SP 17 3531.4444 | boanova@boanova.net
São Paulo-SP   11 3104.1270 | boanovasp@boanova.net
Sertãozinho-SP 16 3946.2450 | novavisao@boanova.net
www.boanova.net

OUTRAS OBRAS DO AUTOR

Cleber Galhardi

Ideias são componentes essenciais para guiar nossa existência; elas podem nos libertar ou nos manter aprisionados.
Ideias salutares têm o poder de nos transformar e mudar nossa vida. Sem impor verdades absolutas, Ideias que Transformam convida o leitor à reflexão e a buscar novas formas de exergar o mundo e a si mesmo.

Mensagens | 9x13cm | 192 páginas

Boa Nova Catanduva-SP | 17 3531.4444 | boanova@boanova.net
Boa Nova São Paulo-SP | 11 3104.1270 | boanovasp@boanova.net
Boa Nova Sertãozinho-SP | 16 3946.2450 | novavisao@boanova.net

Conheça mais a Editora Boa Nova:

 www.boanova.net

 www.facebook.com/boanovaed

 www.instagram.com/boanovaed

 www.youtube.com/boanovaeditora

Instituto Beneficente Boa Nova
Entidade coligada à Sociedade Espírita Boa Nova
Av. Porto Ferreira, 1.031 | Parque Iracema
Catanduva/SP | CEP 15809-020
www.boanova.net | boanova@boanova.net
Fone: (17) 3531-4444